PIERRE PIDANCET

Avocat à la Cour d'appel de Besançon

La Coutume ancienne de Besançon

ET SON COMMENTATEUR

Claude-François D'ORIVAL

SEIGNEUR DE VORGES

✝✝✝✝✝✝

Extrait des *Mémoires de la Société d'Émulation du Doubs*
(8ᵉ série, tome III, 1908).

✝✝✝✝✝✝

BESANÇON

TYPOGRAPHIE ET LITHOGRAPHIE DODIVERS

87, Grande-Rue et Rue Moncey, 8 bis

—

1909

PIERRE PIDANCET

Avocat à la Cour d'appel de Besançon

~~~~~~~~~~~~~~~~~~~

La Coutume ancienne de Besançon

ET SON COMMENTATEUR

Claude-François D'ORIVAL

SEIGNEUR DE VORGES

✦✦✦✦✦✦

Extrait des *Mémoires de la Société d'Emulation du Doubs*
(8ᵉ série, tome III, 1908).

✦✦✦✦✦✦

BESANÇON

TYPOGRAPHIE ET LITHOGRAPHIE DODIVERS

87, Grande-Rue et Rue Moncey, 8 bis

—

1909

LA COUTUME ANCIENNE DE BESANÇON

ET SON COMMENTATEUR

CLAUDE-FRANÇOIS D'ORIVAL

SEIGNEUR DE VORGES

Par M. PIDANCET

AVOCAT A LA COUR D'APPEL

Généralités sur le droit coutumier en Franche-Comté et à Besançon.

Le professeur de législation à l'Ecole centrale de Besançon durant la Révolution, le célèbre jurisconsulte Proudhon dont le buste de bronze a été érigé, il y a quelques années, dans la cour de la Faculté de droit de Dijon, parle en ces termes, dans la Préface de son cours, des anciennes Coutumes de Franche-Comté :

« En ce qui concerne l'ancienne coutume du pays où nous écrivons, ainsi que les édits et ordonnances, le peu qui reste encore en usage de ces lois réprouvées par le génie de la liberté, ne permet pas de consacrer ici un temps utile à retracer l'histoire de cette législation expirante. »

Si l'on conçoit qu'un professeur de droit, à une époque où, sous une poussée énergique, l'ancienne société s'effondrait, n'ait plus voulu attirer l'attention des étudiants sur des textes à la veille de disparaître de la pratique, il n'en est pas moins vrai qu'il serait d'une haute ingratitude pour nous de laisser dans un éternel oubli la loi de nos ancêtres et les savants jurisconsultes dont les précieux commentaires ont facilité pour leurs contemporains l'étude des textes qui formaient la législation si variée des anciennes provinces de notre pays.

La France avant 1789, on le sait, était partagée en pays de droit coutumier et pays de droit écrit. La ligne de démarcation est impossible à établir géographiquement d'une façon bien exacte : on peut toutefois dire d'une manière générale et en négligeant diverses exceptions que le Nord, le Centre, le Nord-Ouest et le Nord-Est de l'ancienne France reconnaissaient comme droit commun, en matière civile, *la coutume locale*, tandis que les provinces méridionales se rattachaient au droit écrit, et, par cette expression droit écrit, il faut entendre les textes du droit romain que nos aïeux estimaient être avant tout la *lex scripta*.

La rédaction des coutumes locales eut lieu assez tard dans les diverses provinces de France. On en trouve quelques-unes déjà fixées par l'écriture au XIIIe et au XIVe siècles, mais le cas est rare : le plus souvent, même à cette époque, le juge, dans le doute, doit, pour établir un point des usages, procéder à une *enquête par tourbes, per turbas*, et interroger ce que nous appellerions maintenant une troupe d'habitants, une multitude (*turba*) pour éclairer sa religion sur la loi à suivre.

Au XVe siècle un mouvement général se dessine, et, de toutes parts, on recherche et on rédige les usages ayant force de loi.

La Comté de Bourgogne ne reste point étrangère à ce mouvement. A l'instar de ce qui se passait en France où, dès avril 1453, le roi Charles VII prescrivait par une ordonnance (ordonnance dite de Montils-les-Tours) la rédaction des Coutumes, notre province possède, elle aussi, un recueil des Coutumes fait en l'an 1459 par sept commissaires que le duc Philippe, de qui relevait la Comté, avait chargés de ce travail.

La cité de Besançon vivait sous l'empire des usages de la Franche-Comté pour une notable partie de sa législation civile ; mais, sur certains points, les anciens Bisontins, jaloux de la quasi-indépendance que posséda leur ville jusqu'au xviie siècle, revendiquèrent constamment l'application des usages spéciaux de la localité qui leur furent particuliers aussi longtemps que vécut le droit coutumier.

C'est l'examen de ces anciens usages qui forme l'objet de ce travail.

D'Orival et son Recueil.

En 1721 paraissait à Besançon un ouvrage intitulé *Commentaire sur les usages et coutumes de Besançon* dont l'auteur était l'avocat Claude-François d'Orival sur lequel il nous reste peu d'indications biographiques. Nous savons qu'il était fils d'un conseiller au Parlement et qu'il devint maire de Besançon en 1702. Il dut, comme les avocats de son époque, écrire beaucoup, puisque dans chaque procès un peu important l'avocat rédigeait un mémoire destiné à faire connaître l'objet du débat et les arguments qui militaient en faveur de son client. Le style de d'Orival parut à ses contemporains si parfait qu'ils n'hésitèrent pas à lui décerner le titre de Plume d'or qui est encore venu jusqu'à nous.

Il eût été intéressant de retrouver quelques-uns de ces savants mémoires pour avoir une idée de la manière dont d'Orival exposait ses affaires devant le Parlement. Ces documents ont malheureusement disparu avec les dossiers qui les renfermaient et il est douteux qu'on puisse en retrouver quelques-uns.

La seule particularité que nous avons pu recueillir sur d'Orival concerne le rôle qu'il joua dans un grand procès intenté à la ville de Besançon au sujet de la forêt de Chailluz.

La propriété de cette importante forêt avait été contestée au nom du roi de France en 1701 par M. Perrot, alors Grand

Maître des Eaux et Forêts. Le titre le plus ancien que déte-- nait la commune de Besançon était une délimitation avec le souverain de Bourgogne de l'an 1442. Cette délimitation, semble-t-il, était suffisante, et la reconnaissance des droits de la ville découlait forcément d'un tel acte. Pourtant le Grand Maître des Eaux et Forêts, loin de s'incliner, allait extrêmement loin et prétendait « qu'il falloit produire des tiltres de concession, tous autres n'étant d'aucune considé- ration. »

L'affaire s'engagea vivement : à un certain moment, la Maîtrise des Eaux et Forêts ne parlait de rien moins que de commencer le morcellement de la forêt en procédant à l'ad- judication de 40 arpents de cette belle parcelle du domaine communal. On rapporta même aux membres du conseil qu'un sieur L'Abondance demeurant au fort Griffon offrait 17 livres de l'arpent.

C'est alors qu'on songea à charger Claude-François d'Ori- val de l'examen des titres de la cité. Il s'occupa activement de cette mission, et nous voyons qu'enfin, à la date du 19 août 1705, fut rendu par la Chambre souveraine des Eaux et Forêts de Besançon un arrêt par lequel la ville gagnait son procès.

La délibération municipale de cette date porte cette men- tion : « Et comme Monsieur Claude-François d'Orival a beau- coup travaillé dans ce procès pour le maintien des droits de la Ville, il a été délibéré qu'on lui fera présent d'une pièce de vaisselle aux armes de la Ville, en valeur de deux cents livres et douze pains de sucre à Madame son épouse. »

Le registre des délibérations de 1701 nous apprend encore que d'Orival rédigea à cette époque un mémoire dans l'inté- rêt du commerce des villes de Franche-Comté. Enfin, à la date du 11 mars 1705, nous voyons les magistrats munici- paux lui donner raison au sujet d'une réclamation qu'il avait formée contre les pâtres de la ville qui conduisaient, après la récolte des foins et jusqu'au jour de la Saint-Georges

(23 avril), leurs bestiaux dans ses prés des Grands et Petits
Pendeurs, au territoire de Montfaucon. Conformément aux
termes de sa requête, il est décidé que tous pâtres ne pour-
ront faire pâturer sur ses prés entre l'Annonciation de
Notre-Dame (25 mars) et la perception des premiers fruits.
Cette solution était conforme à la règle fixée par les édits
de la province.

Les rédactions antérieures à celle de d'Orival.

Si nous revenons à la coutume de Besançon, nous voyons
que d'Orival nous apprend qu'il faut arriver jusqu'en l'an
1583 pour trouver un recueil contenant quelques usages de
la cité. C'était l'œuvre de Gauthiot Simon, seigneur d'Ancier, « homme noble et de distinction », nous déclare le
commentateur.

Gauthiot n'avait pas eu seulement en vue cette partie du
droit bisontin, car son travail comprend encore les Ordonnances de police et celles qui concernent les arts et métiers.

Plus tard, en 1676, les magistrats bisontins firent impri-
mer une Pratique judiciaire de ce qui devait être observé à
Besançon, tant à l'égard de l'Ancien Territoire que du nouveau. La signification de cette expression « Nouveau Territoire » nous est fournie par un évènement qui s'était produit
en 1664.

Au XVIIe siècle, Besançon n'avait pu conserver la liberté
presque absolue dont la cité avait joui sous les empereurs
d'Allemagne. L'Empire en avait cédé à l'Espagne le pro-
tectorat en échange de la forteresse de Frankenthal.
Notre ville avait réussi à obtenir comme compensation de
son annexion, un agrandissement du territoire de la cité au
point de vue judiciaire. Cent villages ressortirent à un tri-
bunal d'appel, composé de cinq juges, établi à Besançon,
pour les affaires civiles seulement de ce territoire.

Ce fut le résultat d'un traité passé entre le souverain espagnol, représenté par le marquis de Castel-Rodrigo, et la municipalité bisontine, le 29 septembre 1664.

Les cent villages annexés comprenaient l'arrondissement actuel de Besançon presque en entier et quelques communes de ce qui constitue l'arrondissement de Baume-les-Dames.

La loi applicable au « Territoire Nouveau » était formée par les « coutumes, ordonnances et édits du comté de Bourgogne ». Disons en passant qu'en ce qui concernait les cent villages, pour que l'appel fut possible, il était nécessaire que l'objet en litige eut une valeur de cinquante livres. Pour les citoyens de Besançon et anciens sujets de cette cité, ils ne changeaient pas de législation, mais s'ils continuaient à être jugés par les magistrats urbains, ceux-ci ne statuaient en dernier ressort que sur une valeur inférieure à deux cents livres.

D'Orival nous apprend que les avocats qui furent chargés de rédiger la Pratique judiciaire de 1676, dont nous avons parlé plus haut avant la digression relative au « Nouveau Territoire », se contentèrent de « régler un stil » (c'est-à-dire un ensemble de règles de procédure) et d'y insérer quelques usages de la cité.

Les notes sur l'*Histoire municipale de Besançon*, de Castan, indiquent que le registre des délibérations prises en 1708 renferme la transcription d'un cahier intitulé « Estat des coutumes et observances locales de la ville de Besançon ». Nous étant reporté au texte, nous avons pu voir que la transcription avait eu comme but d'empêcher la disparition d'un recueil des coutumes bisontines conservé à l'Hôtel de Ville. Le vicomte-mayeur, consulté par un plaideur sur un point particulier de notre coutume, avait jugé bon, tout en délivrant un acte de notoriété sur l'objet de la contestation qui intéressait ce plaideur, de faire faire une copie générale du cahier contenant déjà nos usages, copie que,

pour plus de sûreté, on inséra au registre officiel des délibérations.

Cette copie diffère du recueil de Gauthiot d'Ancier, qui
est beaucoup moins étendu. De qui sont les additions importantes que renferme le registre ? On ne peut sur ce point
que se livrer à des conjectures. Il est permis de penser que
le cahier ne fut pas l'œuvre d'un jour, mais qu'il eut comme
rédacteurs les divers magistrats qui se succédèrent à l'Hôtel
de Ville. Aucun document positif ne peut faire la lumière à
cet égard, et il faut bien le reconnaître d'ailleurs, la question n'aurait plus pour nous aucun intérêt.

En ce qui concerne le *Commentaire* paru en 1721, d'Orival nous apprend qu'il fut rédigé par lui d'après « les ordres
de Messieurs les vicomte-mayeur, lieutenant-général de
police, échevins et conseillers de cette cité ». Il prend soin
de nous affirmer que son recueil est le seul complet et
nous annonce qu'il a consulté, afin de ne rien omettre, les
journaux de la cité, divers mémoires d'anciens avocats et
la jurisprudence du Parlement de la province.

La préface du Recueil.

La préface du *Commentaire* n'est pas la partie la moins
curieuse de l'ouvrage. Elle nous fait apercevoir en Claude-
François d'Orival, l'un de ces anciens Bisontins du xviie siècle
et du commencement du xviiie siècle pour lesquels leur cité,
ancienne ville libre, qui jadis s'était gouvernée comme les
Républiques antiques, a un passé glorieux et une impor-
tance qui ne le cède à aucune. Quelles ne sont pas aux yeux
de d'Orival les perfections de sa ville ? Bâtie par les compa-
gnons d'Enée, 430 ans avant Rome, elle donne naissance
à Brennus « capitoine général des Séquanois », à Pompilius
« qui fut général des légions romaines », etc. Il n'est pas
jusqu'à « Dom Ramon et Henry de Limbourg, les deux pre-

miers rois de Galice et de Portugal » qui n'aient été « Bisontinois ». Notre auteur n'est guère plus embarrassé lorsqu'il s'agit d'établir l'étymologie de Besançon qui ne proviendrait de rien moins que de *Bisuntina Sylva* parce qu'un bison, « animal qui a une corne au milieu du front », fut trouvé dans la forêt qui primitivement occupait l'emplacement de la ville gauloise.

Cette érudition aujourd'hui fait sourire. Les allégations de d'Orival ne sont généralement appuyées d'aucune preuve, et le seul souci de l'écrivain semble avoir été de glorifier sa ville et de la faire considérer comme la mère d'une pléiade d'hommes fameux.

Remarquons toutefois que cet ancien maire de Besançon écrivait à une époque où la. critique historique n'existait pour ainsi dire pas, et où la discussion des sources commençait seulement à naître. D'Orival était de la vieille école, ce dont il ne faut pas lui en vouloir. Par suite, et puisqu'il s'agit d'un jurisconsulte, nous n'accepterons ses affirmations que sous bénéfice d'inventaire, pour employer le langage de la loi.

Examen de l'ouvrage de d'Orival.

Si maintenant nous jetons un coup d'œil d'ensemble sur le *Commentaire* nous voyons que la méthode d'explication de l'auteur est très simple et ressemble à celle de la plupart des commentateurs des coutumes. En tête de ses explications il rapporte d'abord le texte de l'article et le fait suivre de quelques détails sur son origine qu'il recherche presque toujours dans le droit romain. Ensuite il compare l'usage bisontin à celui qui est suivi dans le comté de Bourgogne. Il suppose toujours connu le texte du *Coutumier de Franche-Comté,* car il ne le donne jamais, se contentant de l'analyser. Pour terminer il fournit quelques références d'auteurs

ayant commenté des textes semblables : les auteurs cités
sont Boguet sur la Coutume de la Comté de Bourgogne,
Chassaneu, sur celle du duché de Bourgogne, Dumoulin,
Coquille, Henry, Tiraqueau, Lebrun, Ferrière, Brodeau sur
Louet, Ricard, Brillon, Chopin, Ferron, etc. On peut dire
d'une manière générale qu'il n'ignore aucun des jurisconsultes français qui, jusqu'à lui, se sont occupés du droit
coutumier dans leurs écrits. Son style est clair, et peut-
être trouverait-on que son *Commentaire* est pour nous un
peu concis ; mais, ce que nous prenons pour un défaut doit
tenir à ce fait que son livre était surtout composé pour des
magistrats ou des avocats de l'époque, ayant une connaissance approfondie du droit coutumier et auxquels il n'était,
par conséquent, utile que de signaler les particularités
dignes de remarque de nos usages bisontins.

*
* *

Claude-François d'Orival a divisé son travail en huit titres
contenant en tout 80 articles.

Voici l'indication de cette division :

TITRE I. — *De l'Estat des personnes* (4 articles).
TITRE II. — *Des Droits appartenant aux gens mariés* (21 ar-
ticles).
TITRE III. — *Des successions* (3 articles).
TITRE IV. — *Des Retraits* (9 articles).
TITRE V. — *Des Cens et Rentes* (7 articles).
TITRE VI. — *Des Prescriptions* (10 articles).
TITRE VII. — *Des Saisies mobilières et Arrêts* (13 articles).
TITRE VIII. — *Des Décrets et Saisies réelles* (13 articles).

Sans reproduire le texte du *Coutumier de Besançon* et
sans vouloir fournir des détails aussi étendus que ceux du
Commentaire de 1721 nous croyons toutefois qu'il est nécessaire de noter les particularités dignes de remarque de l'an-

cienne législation bisontine. Cette législation avait son originalité qui mérite qu'on la mette en lumière.

*
* *

L'article premier du Titre I débute par une déclaration : « On ne souffre point de main-morte dans les Ville, ancien Territoire et banlieue de Besançon ». Le main-mortable, l'ancien serf, dont le seigneur héritait par le droit spécial d'échûte dans certains cas, n'existait donc pas à Besançon. Le servage, dans la province de Comté, s'établissait d'ordinaire de deux manières principales : 1° on devenait serf par la naissance lorsqu'on naissait de parents en état de servage ; 2° on pouvait aussi, en recevant d'un seigneur une terre avec contrat d'accensement, devenir serf et par suite main-mortable. La cité de Besançon prohibe de telles stipulations, car les Bisontins sont tous des sujets libres.

L'homme de mainmorte pourra quelquefois s'enfuir de la seigneurie sur laquelle il se trouve ; s'il vient sur le territoire de Besançon et s'il est revendiqué dans l'an et jour à compter « depuis sa résidence actuelle et fixe », il sera renvoyé à son seigneur. C'est là une des applications du droit de possession. La liberté de l'être humain se possède, dans l'ancien droit, comme la terre elle-même est possédée aujourd'hui par la détention en qualité de propriétaire durant l'an et jour (art. 23 du Code de procédure civile). Le livre de Gauthiot d'Ancier prend même soin de décider que la possession de la liberté, pour produire effet à Besançon, doit avoir lieu sans fraude, qu'il est nécessaire que le main-mortable réfugié dans les murs de la cité ait été soumis aux obligations des citoyens, c'est-à-dire au guet et à la garde et qu'il ait payé les subsides auxquels les Bisontins sont astreints. C'est bien là une condition analogue à celle qu'exige notre législateur lorsqu'il décide que la possession de la terre, pour avoir une valeur juridique, doit avoir été publique, paisible et à titre de propriétaire.

Quelquefois la liberté s'acquiert instantanément par le seul séjour à Besançon : le seigneur ne peut revendiquer la fille, sa sujette, qui vient de se marier avec un citoyen de Besançon ; il en est de même de tout ecclésiastique né mainmortable qui résidera sur le territoire de la commune pour la desserte d'un bénéfice.

Ce droit d'asile accordé aux malheureux mainmortables dut vraisemblablement faire accroitre la population de Besançon et contribuer à sa prospérité.

**

Le *Coutumier de Besançon* aborde ensuite la situation des personnes libres et donne quelques détails sur les mineurs et les gens mariés. Le droit bisontin a sur ce point un caractère spécial : il fortifie l'autorité du père de famille. Le mineur ne peut, tout d'abord, passer un contrat de constitution de rente, d'achat, d'échange, de donation ou tout autre sans qu'il soit nul. La nullité en est perpétuelle. Aujourd'hui, avec le Code civil, cette nullité ne serait que de dix ans à partir de la majorité (art. 1304 du Code civil).

L'autorité du père de famille subsiste même après le mariage ; le texte dit, en effet : « le mariage n'émancipe pas les fils ni les filles de famille (article premier du titre II) ».

Cependant on pourra par contrat de mariage émanciper le mineur. Si l'on déclare simplement en termes généraux qu'on se soumet à la Coutume du Comté de Bourgogne, il ne résulte de cette stipulation que l'émancipation de la femme seulement.

A défaut de contrat de mariage, il n'y a pas de communauté de biens entre les époux. On tombe donc sous l'empire du droit écrit, et le régime dotal est la règle, comme dans les pays du Midi de la France.

*
* *

Pour les successions, notre cité s'écartait encore des dispositions spéciales aux régions environnantes pour se rattacher à la législation du Midi : le droit écrit devenait la règle. Cette règle était formulée par la *Novelle 118 de Justinien* publiée en l'an 540 de l'ère chrétienne. Aux termes de la *Novelle*, les parents les plus proches en degré succèdent au défunt ; il y a trois sortes de parents venant à défaut les uns des autres : les descendants, les ascendants, les collatéraux.

Il n'y avait donc pas à Besançon à distinguer entre les meubles et les immeubles, les biens paternels et maternels, les propres et les acquêts, ainsi qu'on le faisait dans la France Coutumière, où la complication était extrême à cet égard.

Le contrat de mariage peut avoir une influence sur le droit successoral, car les époux mariés avec adoption des Coutumes et usages du Comté de Bourgogne auront leur succession réglée par la Coutume de Comté.

*
* *

Le titre IV de la Coutume bisontine codifié par d'Orival, nous transporte dans la matière des *Retraits*. « Le retrait, dit Dalloz dans sa définition de ce mot, est la faculté accordée, en certaines circonstances particulières, à une personne de se faire subroger à la place de l'acheteur d'une chose en remboursant à cet acheteur le prix principal et loyaux coûts de l'achat. »

Notre Coutume commence par prohiber le retrait féodal ou droit pour le seigneur de reprendre un fief de sa mouvance, lorsqu'il a été aliéné par le vassal. A Besançon, tous les fonds sont depuis fort longtemps des fonds libres, ou francs-alleus ; il est, par suite, logique de n'accorder aucune application au droit féodal.

On ne peut non plus faire une convention pour organiser le droit de retrait au profit du premier propriétaire, en d'autres termes, pour permettre au premier propriétaire d'évincer tous les acquéreurs de son acquéreur.

La Coutume bisontine organise aussi de façon spéciale le retrait lignager ou faculté qu'avait le parent du vendeur de reprendre à un acquéreur le bien de son parent, après la mort de ce dernier, et cela à la seule condition de rembourser le prix d'acquisition.

« La Coutume du Comté de Bourgogne, dit d'Orival, admet indistinctement au retrait toute sorte de parens, soit que le fond vendu vienne de leur estoc ou ligne ou non ».

La Coutume de Besançon, au contraire, veut que le retrait lignager soit conforme à son étymologie : il faut donc que le parent qui exerce le retrait soit de la même ligne que celui qui a aliéné le bien.

Le retrait lignager est soumis à diverses conditions. Celui qui exerce le retrait (le retrayant), doit agir « dans l'an et jour à compter depuis la possession réelle prise par l'acquéreur ».

Un parent, même éloigné, peut exercer le retrait, mais dans ce cas les parents plus rapprochés peuvent écarter ce premier attrayant en agissant dans les cinquante jours du premier acte de poursuite et en se substituant à ce premier poursuivant.

Nous passons sur diverses dispositions relatives au cas de vente de plusieurs fonds par un même acte et au cas de biens vendus par expropriation forcée ; ces dispositions n'ont aucun intérêt.

*
* *

Avec le titre V nous trouvons une matière importante sous l'ancien régime : c'est celle des cens et des rentes, qui formaient les principales formes des exploitations de biens fonciers ou des placements d'argent.

« Le cens, dit Boutaric (*Traité des droits seigneuriaux*, Toulouse, 1775), est le devoir ou la redevance due au seigneur qui, possédant noblement un fonds en abandonne la dominité utile et n'en retient que la directe ».

Donner à cens un immeuble consiste par suite dans le fait d'abandonner cet immeuble à une personne qui en jouira, le cultivera, mais toutefois n'en sera pas propriétaire et paiera régulièrement une redevance. La personne qui détiendra l'immeuble en aura le domaine ou « la dominité utile », puisqu'elle jouira de l'immeuble et en percevra les fruits ; elle pourra même aliéner cette « dominité utile », mais à charge de payer les lods au propriétaire qui aura retenu le domaine direct ou plus simplement « la directe ».

« Les Lods, nous fait savoir d'Orival, sont dans le contrat censuel ce que les coutumes appellent en matière de Fief *Quint et Requint. Laudinia*, du mot latin *Laudarer*, louer, approuver ; car en effet, ce droit n'est autre chose que le prix de l'approbation ou du consentement que donne le seigneur direct au changement de main ; les lods sont dus de droit commun et par la propre nature du bail à cens ».

A Besançon la personne qui stipule un cens à son profit peut aussi insérer dans l'acte de cession le droit de lods et une amende de trois sols etevenans, s'il y a défaut de paiement du cens ou dissimulation d'une aliénation par le censitaire.

Le livre de Gauthiot d'Ancier permettait même de faire payer « soixante sols d'amende pour les lods recelés ».

La loi bisontine prohibe le droit que le bailleur à cens se réserverait de succéder au censitaire en certains cas « parce que ces sortes de conventions qui approchent de la main-morte ont paru odieuses dans une ville qui a toujours tâché de conserver son ancienne liberté ».

Les lods réservés aux bailleurs en cas d'aliénation par vente sont du douzième du prix.

Notons encore cette règle toute spéciale à la coutume de Besançon (article 6 du titre V) : « on ne peut stipuler par contrat de bail à cens ny autre, de planter dans l'ancien territoire et la banlieue de Besançon du plan, appelé communément du Gamé ou Gamet, et il n'est pas permis aux citoyens et résidens dans lesdites ville, ancien territoire et banlieue d'y en planter, à peine d'être arraché et d'amende arbitraire ».

Il ne faut pas oublier que les anciennes vignes de la cité formaient la principale richesse des Bisontins et qu'elles étaient emplantées surtout de Pineau noir ou blanc. Elles fournissaient donc un vin excellent, auquel la substitution du Gamé ou Gamet eût fait perdre sa vieille réputation bien établie. On voulait conserver la marque et on protégea les meilleurs plants ; mais il est aussi permis de penser que la plantation d'un cépage ordinaire, à fort rendement, tel que le « Gamé » eût donné naissance à une concurrence redoutable qu'auraient faite les propriétaires des nouveaux plants aux détenteurs des anciennes vignes. Ces derniers, qui vraisemblablement avaient voix à l'Hôtel de Ville et au Parlement, se défendirent et firent édicter la prohibition, assez injuste à notre sens, puisqu'elle condamnait le vigneron à cultiver des ceps d'un très maigre rendement.

Pour colorer leur résistance à l'introduction de l'odieux « Gamé » nos ancêtres estimaient ou tout au moins feignaient de croire que cette variété de vigne n'est pas saine et que son vin pouvait donner la lèpre.

*
* *

Continuant notre étude nous abordons les règles spéciales à la prescription qui forment le titre VI du *Commentaire* de d'Orival.

La coutume du Comté de Bourgogne décidait que les arrérages des cens, des redevances diverses et des rentes se

prescrivaient par cinq ans ; à Besançon, le débiteur de ces sortes de prestations n'était libéré que par l'expiration du laps de trente ans.

Les salaires des serviteurs ou autres de cette nature ne se prescrivaient que par cinq ans (art. 7).

Nous apprenons en passant que les dettes pour fournitures de marchandises ou « les parties d'apoticaire », avant l'an 1700, ne se prescrivaient que par trente ans. Depuis 1700 la prescription était réduite à un an.

*
* *

Avec le titre VI° que nous venons d'analyser se terminent les règles spéciales de la législation civile ; mais le corollaire nécessaire de toute la loi se trouve dans la manière d'intenter les poursuites, d'exécuter les jugements. D'Orival, adoptant un ordre logique, a consacré les derniers titres (VII et VIII) de son travail aux voies d'exécution.

*
* *

La première voie d'exécution est la saisie mobilière que d'Orival distingue assez peu de la saisie-arrêt. Les Bisontins avaient autrefois en cette matière un privilège tout particulier, celui « de barrer et arrêter eux-mêmes, sous le ministère des huissiers ou sergens, tant dans la cité que dans son ancien territoire les effets de leurs débiteurs, laquelle barre ou saisie durait vingt-quatre heures ; mais cet usage qui est justifié par plusieurs mémoires des anciens avocats et par les journaux de la cité, a été aboli par l'ordonnance de 1667 ».

Toutefois pour restreindre cette faculté, il avait déjà été déclaré, par édit du 29 octobre 1651, que pendant le temps des foires on ne pouvait saisir les effets des étrangers.

Ce genre de saisie ne s'appliquait pas aux biens des

citoyens pour lesquels il fallait, avec raison, une procédure plus régulière.

Le maire ou son lieutenant pouvait donner l'autorisation de faire la saisie-arrêt sur toutes sommes dues (art. 3).

En cas de délit ou même de quasi-délit, celui qui se prétend lésé peut faire saisir, arrêter et incarcérer son prétendu débiteur en se constituant prisonnier avec lui. Le plaignant peut sortir de prison en fournissant caution pour les dommages-intérêts que pourra lui réclamer le prétendu débiteur si la plainte n'est pas reconnue fondée. De son côté le prétendu débiteur peut faire lever l'écrou en fournissant caution (art 4).

La saisie brandon ou saisie des récoltes est encore l'une des voies d'exécution qu'on rencontre aujourd'hui. Dans le Code de procédure civile, le législateur de 1806, pour protéger le débiteur n'a permis ce genre de saisie que « dans les six semaines qui précèderont l'époque ordinaire de la maturité des fruits ». D'Orival nous apprend qu'à Besançon ce genre de saisie ne peut être pratiqué en ce qui concerne les fruits de la vigne qu'après le jour de saint Jean-Baptiste (24 juin). Cet usage est fondé sur l'incertitude de la récolte. Les fruits saisis avant la date plus haut indiquée se vendraient sur pied à vil prix.

En ce qui concerne les fruits des terrains autres que les vignes ils pourraient être saisis avant le jour de la saint Jean-Baptiste.

La saisie, quelle que soit sa forme, est suivie d'une vente, après laquelle a lieu la distribution des deniers. L'ordre dans lequel peuvent se présenter les créanciers pour toucher le produit de la vente est le suivant : 1º frais de justice ; 2º frais funéraires ; 3º frais de dernière maladie ; 4º gages de la dernière année pour les serviteurs et domestiques ; 5º salaires dus à l'ouvrier qui a cultivé le fonds la dernière année. Le créancier saisissant arrive ensuite par privilège. En cas de banqueroute ou de faillite ce privilège du premier saisissant n'existe pas. On peut conjecturer que d'Orival, d'après les explications qu'il fournit, assimilerait à la faillite la déconfiture des non-commerçants.

Le créancier saisissant arrivera au même rang que le créancier hypolhécaire, s'il existe des hypothèques sur les meubles. A cette époque, en effet, les meubles peuvent être hypothéqués, contrairement à ce qu'a déclaré le législateur du Code civil.

*
* *

Si le débiteur a des fonds de terre, le créancier pourra recourir à la saisie immobilière appelée dans le livre de Gauthiot d'Ancier la « pratique des décrets ». Ce livre contient quelques règles originales qu'il est bon de remettre en lumière. Le créancier doit tout d'abord obtenir de l'un des juges des trois justices (régalie, vicomté ou mairie) des lettres exécutoires aux meubles et héritages. A cet effet il jure tout d'abord que « réalement la somme ou rente et arrérages par lui prétendus sont dehus et que rien ne lui a esté payé ni à aultre pour lui... lequel serment sera inscript au papier de la justice. »

On ne peut saisir pour une faible somme : « deffendons que pour petite somme à lui dehue ou pour un ou deux termes d'arrérages échus l'on ne puisse prendre plusieurs héritages de bonne et grande valeur car ce serait deshériter le pauvre homme. »

Si le créancier a obtenu les « lettres exécutoires », il doit d'abord mettre le débiteur en demeure de fournir du mobilier en quantité suffisante pour payer le montant de la somme réclamée. A cet effet le sergent choisi par le créancier doit faire « quatre diligences » aux biens meubles « entre lesquelles il y aura toujours trois jours ».

« Et si lesd. sergents, en faisant lesd. diligences, obtiennent aucuns meubles desd. Debteurs, seront tenus mettre en leur relation ce qu'obtenus en auront, et lesquels meubles seront commis au vendage par le juge... et crier diligemment et sans frauldes aux Rondes de Saint-Quantin, au devant l'hostel de ville ou au Pillory... le prix d'iceulx porté aux juges (*sic*) lequel prendra huit engrognes pour sa distribution. et pour les sergens qui auront prins et criés les meubles quatre blancs et pour le scribe ayant escript l'acte deux blancs. »

Si le débiteur n'a pas fourni quantité suffisante de mobilier, on passe à la saisie immobilière, qui constitue une véritable main-mise sur la propriété puisque le sergent en appréhende une parcelle. Il se rend sur place et doit « prendre les eschantillons de bois ou de terre. » Le livre donne ce détail que le bois que le sergent enlèvera sera extrait de la porte de la maison.

Le débiteur est ensuite ajourné devant le juge : le sergent exhibe les échantillons, et le magistrat ordonne par jugement qu'il sera procédé à la vente. Celle-ci est précédée de publications aux trois places de Saint-Quentin, de l'Hôtel de Ville et du Pilori.

Le mode d'attache des affiches est prévu : elles doivent être maintenues « avec des clous ou soie ferme. »

Après les criées toute personne a le droit de faire connaître qu'elle se porte enchérisseur; son enchère est reçue par le sergent qui la communique au scribe de la cour.

La criée a lieu « les jours de samedi seulement » parce que c'est jour de marché.

La première criée faite, le nom de l'amateur qui a mis une enchère est signifié au débiteur.

Il y aura trois criées : entre chacune d'elles il devra s'écouler un délai de un mois franc ou de deux mois francs.

A chaque instant le débiteur peut faire opposition à la procédure qui est dirigée contre lui : cependant, après la troisième criée, il devra prêter serment qu'il n'a pas eu connaissance des actes de poursuite immobilière.

Les créanciers autres que le saisissant peuvent obtenir un

quatrième et un cinquième édit (probablement une quatrième et une cinquième criée).

Le tarif des émoluments relatifs aux actes est fixé par le livre de Gauthiot.

« Chaque sergent a droit pour criée, affiches, relations, édits à quatre blancs ; pour la prise des échantillons il percevra aussi quatre blancs, « si c'est en la cité » ; s'il s'est transporté en dehors des murs il aura « six blancs ou trois sols selon la distance des lieux. »

Le juge reçoit les droits suivants : « pour scel d'une lettre exécutoire, huit engrognes ; pour chaque édit, deux engrognes, pour le jugement interlocutoire, huit engrognes, pour le jugement définitif, trois sous. »

Si, de la vieille procédure relatée dans le livre de Gauthiot nous passons à la saisie immobilière telle qu'elle est pratiquée au temps de d'Orival, nous voyons qu'on a encore coutume d'exiger que le saisissant ne procède point pour le recouvrement d'une somme trop faible ; il faut donc pour saisir immobilièrement être créancier pour une somme ou valeur d'au moins cinquante francs, monnaie ancienne, qui formaient 13 livres, 6 sols, 8 deniers, au commencement du XVIIIe siècle.

Le débiteur est également sommé d'avoir à fournir des meubles suffisants pour empêcher la saisie de ses immeubles.

Cette sommation sera nécessaire, mais dans la Coutume du Comté de Bourgogne, on était plus strict qu'à Besançon : le créancier saisissant devait d'abord faire saisir les meubles et il ne pouvait exproprier les immeubles que s'il n'avait point été couvert par la vente du mobilier.

Le débiteur peut payer son créancier et interrompre les poursuites jusqu'au jour de l'adjudication. Dans le comté de Bourgogne, on le favorise davantage et il peut tout annuler par le paiement de sa dette jusqu'au jour de la distribution des deniers provenant de l'adjudication sur saisie.

La codification de d'Orival donne encore quelques règles sur la surenchère et la distribution du prix de l'immeuble exproprié.

La surenchère ou « tiercement », n'est pas facilitée, car « le tiercement est la moitié du prix, c'est-à-dire que si le prix est de 2,000 livres, celuy qui veut tiercer doit y ajouter 1,000 livres (art. 8) ».

Les frais d'expropriation se prélèvent sur le prix des biens vendus. Dans le Comté de Bourgogne, au contraire, chaque créancier colloqué fournit moitié des frais « au sol la livre ».

Les caractères particuliers de l'ancienne Coutume de Besançon.

Après avoir examiné ce que contenaient de plus remarquable les 80 articles de notre vieille coutume, si nous cherchons à en déterminer les caractères propres, nous voyons que le droit bisontin constituait dans beaucoup de cas un progrès très réel sur la législation de la province. L'abolition de la mainmorte, ainsi que celle du droit d'échûte qui en était la conséquence, tendait à la suppression d'un privilège au profit de la noblesse, privilège qui depuis longtemps ne se comprenait plus dans l'ancienne France. Une terre infertile, en friche, avait pu être, dans des temps très anciens, donnée, moyennant redevance annuelle, à une famille de cultivateurs ; sur cette terre des générations de travailleurs avaient peiné, fait des amendements, élevé des constructions coûteuses, et pourtant aucun des membres de cette famille, malgré la valeur du travail incorporé au sol. ne pouvait disposer au profit d'un étranger de sa part dans la plus-value constituée par les améliorations. Il y avait mieux : le père lui-même ne pouvait rien transmettre à l'enfant qui ne vivait pas à sa communion. Il y avait là une injustice évidente. La famille de celui qui avait concédé originairement le sol n'eût dû, en saine logique et en vertu du principe que nul ne doit s'enrichir aux dépens d'autrui, pouvoir reprendre que le sol et tenir compte au légataire du possesseur ou à son fils, des transformations avantageuses réalisées. Mais on allait plus loin encore : la coutume franc-comtoise décidait que les meubles eux-mêmes créés de toutes pièces par le mainmortable ou acquis par lui, ne pouvaient être transmis à un tiers ou à un enfant ne demeurant pas sur la seigneurie. L'homme de mainmorte, dans les villes et villages de notre contrée, ne pouvait se soustraire lui-même à son seigneur qu'en lui abandonnant « ses meix et héritages mainmortables », c'est-à-dire tous ses immeubles et la tierce partie de ses meubles dans un cas (si le seigneur est en tort), les deux autres tiers dans l'autre cas (si le seigneur n'est pas en tort). Ces règles iniques appelaient évidemment une réforme, car le seigneur était avantagé d'une manière trop frappante ; aussi l'on conçoit la réaction qui se produisit contre un tel état de choses. Besançon tout au moins, de temps presque immémorial, avait échappé à un semblable servage.

Dans la matière des successions, les Bisontins, en se référant aux *Novelles de Justinien*, amélioraient la situation du père, de la mère et de tous autres ascendants. Si l'on s'en était tenu, en effet, à la coutume de la Comté, les père et mère venant à la succession de leurs enfants, n'eussent hérité que des meubles, acquêts et donations par eux faites ; les mêmes principes eussent été appliqués aux autres ascendants ; de la sorte, au cas où le défunt eût possédé des immeubles qu'il n'eût point acquis par son travail mais qui, par exemple, lui avaient été donnés ou légués par un tiers ou un parent, il s'en serait suivi que les père, mère, aïeul, aïeule, n'en eussent pas hérité et que, bien au contraire, ces biens fussent passés à des collatéraux, même fort éloignés. Etait-ce juste ? Etait-ce conforme à l'affection présumée du défunt ? Certainement non. Nos ancêtres bisontins, en refusant de se soumettre à la règle adoptée par la Coutume de la Comté, revenaient au principe fort juste de l'affection comme guide de la dévolution des biens, et par là se rattachaient à un système que le Code civil adoptera plus tard.

Là encore nous trouvons un progrès.

La matière des retraits montre que dans notre cité on avait une tendance à restreindre la faculté de retrait, qui constituait une formidable entrave apportée par l'ancien régime à la circulation des biens. Favoriser à outrance la conservation des mêmes immeubles dans les mêmes familles, peut aboutir à un appauvrissement du pays si ceux qui conservent les biens sont ou des personnes arriérées ou des personnes qui, ayant trop de biens fonds, ne peuvent les exploiter. On aboutit, en exagérant l'idée de conservation, à créer les grands domaines et à forcer le propriétaire à affermer, ce qui est bien le pire mode de culture.

Le pouvoir du père de famille, nous l'avons déjà remarqué, est fortifié par la Coutume bisontine, tandis que la tendance moderne est plutôt à son affaiblissement. Est-ce un bien ? est-ce un mal ? Il y a là une question que nous n'avons pas à juger ici.

Les vieux Bisontins n'admettent qu'à regret qu'on invoque la prescription. Les longs délais (30 ans) qu'ils accordaient anciennement aux marchands pour exercer leurs poursuites ne sont en harmonie qu'avec les formes d'un négoce primitif, où les transactions peu importantes sont, en outre peu nombreuses. C'est à juste titre que Louis XIV abrogea de semblables coutumes, qui compliquaient les règlements de compte et les éternisaient.

Dans la matière des saisies, nous avons pu voir que la conquête de la ville par Louis XIV fit encore disparaître un régime plutôt arbitraire en usage à Besançon, celui d'après

lequel un citoyen de la ville pouvait lui-même faire opposition sur les effets de son débiteur étranger sans le ministère d'huissiers ou de sergents. Une saisie que tout citoyen
pouvait faire lui-même, pour quelque cause que ce fût,
devait mettre au comble l'insécurité des forains qui avaient
des meubles ou des créances dans notre ville ; cette
mesure arrivait à ce résultat d'éloigner les étrangers et de
paralyser les transactions. Son abrogation était donc nécessaire, car généralisée et admise pour chaque ville, une telle
faculté eût rendu le commerce pour ainsi dire impossible.

La poursuite en expropriation immobilière est, à juste
titre, limitée par le Coutumier bisontin, qui ne la permet,
dans les derniers temps, que pour une somme minima assez
importante pour l'époque, cinquante francs, qui, à l'heure
actuelle, représenteraient cinq à six fois autant. Cette limi-
tation forçait le créancier à se venger sur les meubles. De la
sorte nos ancêtres mettaient, en certains cas, à l'abri d'un
créancier exigeant, la terre qui était pour eux le principal
instrument de travail, puisque la population bisontine était
surtout composée de vignerons et de cultivateurs.

Nous ne prolongerons pas davantage ces observations
générales, car nous n'avons eu pour objet que d'attirer
l'attention sur les points saillants du droit bisontin qui dis-
parut, comme d'ailleurs tout le droit coutumier, dans le mouvement révolutionnaire. L'unité de législation était un désir
de tous les grands esprits du XVIIIe siècle, et nous ne pou-
vons que nous réjouir de ce que, commencée durant la
période de transition qui prend son origine en 1789, cette
réforme fut réalisée par ces grands monuments juridiques
qui se nomment le Code civil, le Code de commerce, le
Code de procédure civile, etc. Il nous a paru toutefois bon
de faire revivre le passé et de démontrer que les vieux
Bisontins avaient déjà souci de la perfection en législation,
qu'ils avaient réalisé des améliorations assez considérables

et que leurs tribunaux, même à des époques reculées, appli-
quaient, en matière civile tout au moins (car en matière
pénale il y aurait beaucoup à dire), des lois plus parfaites
déjà que celles qui régissaient le territoire de la France.
L'antique fierté des « Besançonnois », revendiquant avec
chaleur l'application de leur coutume, n'est donc point pour
nous surprendre. Elle avait sa raison d'être, et une étude
approfondie des textes ne peut que justifier l'obstination
de nos anciens concitoyens.

BESANÇON. — TYP. ET LITH. DODIVERS.

www.ingramcontent.com/pod-product-compliance
Lightning Source LLC
Chambersburg PA
CBHW060822280326
41934CB00010B/2767